E F G
L N M
O T
S Y U
X Z

Liebe erwachsene (Vor-)Leser*innen!

Lesen regt die Fantasie an und hilft beim Erfassen der Welt. Lesen erweitert den Horizont. Lesen verbindet. Lesenlernen ist deshalb eine spannende Erfahrung, vielleicht sogar eine der prägendsten im Leben. Wenn sich nach und nach Laute und Buchstaben sinnvoll aneinanderreihen und der Text im Kinderbuch plötzlich mehr ist als geheimnisvolle Zeichen, dann ist das eines der ganz großen Erfolgserlebnisse. Aber: Der Prozess des Lesenlernens ist durchaus anstrengend. Umso wichtiger ist es, Kindern behutsam und mit möglichst viel Spaß das Reich der Buchstaben näherzubringen. Das gelingt mit der Lesezug-Reihe!

In je vier Kapiteln werden kindgerechte Geschichten erzählt und dabei die Textmenge kontinuierlich gesteigert. Somit wird die Motivation der Kinder, selbstständig zu lesen, angeregt.
Die großflächigen Illustrationen unterstützen das Textverständnis und steigern die Lesefreude. Die bunten Belohnungssticker, die nach jedem gelesenen Kapitel eingeklebt werden können, tragen zum Lesevergnügen und zur Lesemotivation bei – und beides führt zu mehr Lesekompetenz!

Viel Freude beim Vorlesen und miteinander Lesen wünschen
das Team des Österreichischen Buchklubs der Jugend
sowie das G&G Verlagsteam
www.buchklub.at
www.ggverlag.at

Barbara Schinko

Mein Tag in der Tierklinik

Mit Illustrationen von

Bibi Hecher

G&G

Von Barbara Schinko im G&G Lesezug weiters erschienen:

„Sternchen, mein Fohlen“, Lesezug 1. Klasse, ISBN 978-3-7074-2353-2
„Die drei Musketiere“, Lesezug Klassiker, ISBN 978-3-7074-2354-9
„König Artus“, Lesezug Klassiker, ISBN 978-3-7074-2538-3
„Achilles“, Lesezug Klassiker, ISBN 978-3-7074-2690-8

MIX
Papier | Fördert gute Waldnutzung
FSC® C043106

www.ggverlag.at

www.lesezug.at

ISBN 978-3-7074-2577-2
4. Auflage 2026
Text: Barbara Schinko
Illustration: Bibi Hecher
Lektorat: Ricarda Grasser
Vor- und Nachsatz-Vignetten und Reihenlogo: Carola Holland
Druck und Bindung: Grafisches Centrum Cuno GmbH & Co. KG, Calbe

produktsicherheit@ggverlag.at

Gedruckt auf Papier aus geprüfter nachhaltiger Forstwirtschaft.

Inhalt

Der Tag beginnt

Sophies Mama ist Ärztin.

Sie kümmert sich um Tiere.

Heute hilft ihr Sophie.

Im Wartezimmer ist viel los.

Es wartet eine Katze mit Gips.

Ein Hamster mit Schnupfen.

Und ein kleiner Hund.

„Ist er krank?“, fragt Sophie.

Der Mann lächelt. „Nein."

„Er braucht nur eine Impfung."

Pedro und Paulchen

Der Welpe heißt Pedro.
Er kommt aus Spanien.

Pedro schnuppert an Sophies Hand. Sie darf ihn streicheln.

Die Tür geht auf. „Kommt rein!", ruft Sophies Mama.

Pedro hat Angst! Vorsichtig gibt die Ärztin ihm eine Spritze.

Das gefällt Pedro nicht,
doch er ist tapfer.

Als nächstes ist Paulchen dran.
Er gehört Leon.

Leon geht in Sophies Klasse.
„Was fehlt ihm?“, fragt Sophie.

„Er frisst nichts mehr",
schnieft Leon besorgt.

Drachenbesuch

Sophie krault Paulchens Ohren.
Er zittert. Warum?
Da! Er sieht eine Katze!

„Das ist doch nur die alte Minka. Sie tut dir nichts", lacht Sophie verschmitzt.

„Sie hat sich am Bein verletzt und bekommt deshalb einen neuen Gips."

Sophies Mama hält Paulchens Kopf und schaut in sein Maul. „Ich muss seine Zähne kürzen."

Paulchen darf bis morgen
bei Sophie und Mama bleiben.
„Wir passen gut auf ihn auf!"

Wer kommt da? Ava und Ivi!
Die Geckos sehen aus wie
kleine Drachen ohne Flügel.

Ivi hat eine Wunde am Kopf.
Ava braucht eine Spritze.
Danach dürfen sie nach Hause.

Julia zeigt Sophie noch ein Foto von ihrer Vogelspinne Lore. Die wohnt auch bei ihr!

Sophie, die Tierärztin

Sophie weiß bereits viel über Tiere. Sogar das eigene Futter für den kleinen Igel darf sie selbst mischen.

Hoppels Augen sind rot und verklebt. Mama braucht das braune Fläschchen. Sophie läuft gleich los.

Hier kommt der nächste Patient. Oje! Das kleine Eichhörnchen wurde gebissen! Sophies Mama säubert seine Wunde.

Behutsam trägt sie die Salbe auf. Danach bedeckt sie die Stelle mit einem Verband. Sophie schaut gespannt zu.

Am Nachmittag begleitet Sophie ihre Mama auf den Bauernhof. Eine Kuh bekommt bald ihr Kalb. Wie aufregend!

Sophie hilft Mama, den Bauch der Kuh abzutasten. Ganz schön dick! Bis zur Geburt dauert es nicht mehr lange.

Am Abend fragt Mama Sophie: „Kommst du morgen wieder mit? Ich fahre in den Tierpark zu den Papageien." „Na klar!"

Im Bett kuschelt sich Sophie an Teddy. Sie träumt von Pedro und Paulchen. Von der Kuh und den anderen Tieren.

In der Schule erzählt Sophie von ihren spannenden Erlebnissen in der Tierklinik. Ihre Mitschüler staunen!

Sophie will noch viel mehr über Tiere lernen. Und wenn sie groß ist? Dann wird Sophie auch Tierärztin!

Alle Lesezug-Bücher finden Sie unter

www.lesezug.at

1. Klasse

ISBN 978-3-7074-2764-6
1. Klasse

ISBN 978-3-7074-2722-6
1. Klasse

ISBN 978-3-7074-2239-9
1. Klasse

ISBN 978-3-7074-2125-5
1. Klasse

ISBN 978-3-7074-2700-4
1. Klasse

ISBN 978-3-7074-2754-7
1. Klasse

ISBN 978-3-7074-2755-4
1. Klasse

ISBN 978-3-7074-2632-8
1. Klasse

ISBN 978-3-7074-2631-1
1. Klasse

ISBN 978-3-7074-1999-3
1. Klasse

Der neue LESEZUG mit Stickerbogen!

Am Ende jedes Kapitels wird ein Sticker eingeklebt. Damit wird das Lesen zu einem interaktiven Erfolgserlebnis!

ISBN 978-3-7074-2033-3
1. Klasse

ISBN 978-3-7074-2468-3
1. Klasse

ISBN 978-3-7074-2672-4
1. Klasse

Mit Stickern

1. Klasse

Einzigartiges Konzept für die 1. Klasse

Eine Zeile im 1. Kapitel
Zwei Zeilen im 2. Kapitel
Drei Zeilen im 3. Kapitel
Vier Zeilen im 4. Kapitel

Lesezug — **1. Klasse**

- Textlänge steigert sich mit jedem Kapitel
- Große österreichische Fibelschrift
- Stark illustriert
- Erstes selbstständiges Lesen
- Garantierter Leseerfolg

2. Klasse – Lesestufe 1

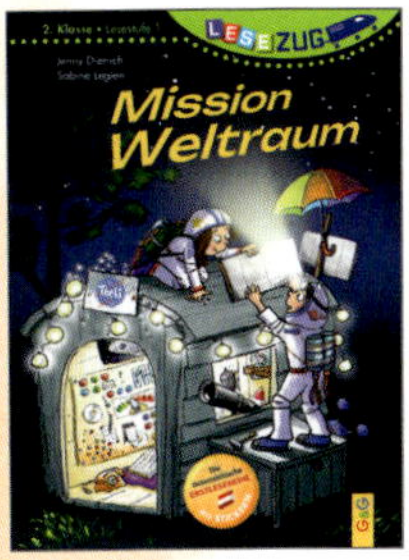

ISBN 978-3-7074-2768-4
2. Klasse – Lesestufe 1

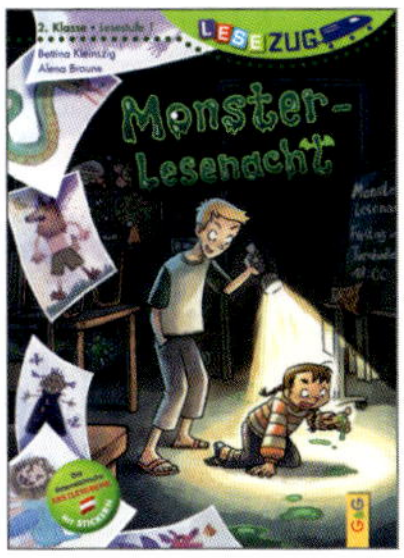

ISBN 978-3-7074-2726-4
2. Klasse – Lesestufe 1

ISBN 978-3-7074-2701-1
2. Klasse – Lesestufe 1

ISBN 978-3-7074-2673-1
2. Klasse – Lesestufe 1

ISBN 978-3-7074-2634-2
2. Klasse – Lesestufe 1

Der neue Lesezug für die 2. Klasse - Lesestufe 1

Der Lesezug berücksichtigt, dass Kinder unterschiedlich weit in ihrer Lesefertigkeit sind und bietet daher nun eine weitere Lesestufe an, um individuelle Lernfortschritte optimal zu begleiten.

Berücksichtigung der individuellen Lesefähigkeiten

Angemessene Textlänge für den Lernfortschritt
75 Wörter pro Doppelseite und ca. 230 Wörter pro Kapitel

Reichhaltige Illustrationen für mehr Lesefreude

Mit Stickern zum Sammeln und Einkleben
Mit jedem Sticker markieren die Kinder ihren Fortschritt, erleben Erfolgsmomente und haben jede Menge Spaß beim Gestalten ihres eigenen Bücherabenteuers.

H
B
C
I
A
D
Q
P
J
R
K
V
W